OS DOIS FRANCISCOS

Etna Lacerda

Os dois Franciscos

Ilustrações: Lettera Studio

FEB

Copyright © 2010 *by*
FEDERAÇÃO ESPÍRITA BRASILEIRA – FEB

1ª edição – Impressão pequenas tiragens – 6/2025

ISBN 978-85-7328-653-3

Todos os direitos reservados. Nenhuma parte desta publicação pode ser reproduzida, armazenada ou transmitida, total ou parcialmente, por quaisquer métodos ou processos, sem autorização do detentor do *copyright*.

FEDERAÇÃO ESPÍRITA BRASILEIRA – FEB
SGAN 603 – Conjunto F – Avenida L2 Norte
70830-106 – Brasília (DF) – Brasil
www.febeditora.com.br
editorial@febnet.org.br
+55 61 2101 6161

Pedidos de livros à FEB
Comercial
Tel.: (61) 2101 6161 – comercial@febnet.org.br

Adquirindo esta obra, você está colaborando com as ações de assistência e promoção social da FEB e com o Movimento Espírita na divulgação do Evangelho de Jesus à luz do Espiritismo.

Dados Internacionais de Catalogação na Publicação (CIP)
(Federação Espírita Brasileira – Biblioteca de Obras Raras)

L131d Lacerda, Etna, 1946–

   Os dois Franciscos / Etna Lacerda; [ilustrações] Leterra Studio – 1. ed. – Impressão pequenas tiragens – Brasília: FEB, 2025.

   28 p.; il. color; 25 cm

   ISBN 978-85-7328-653-3

   1. Francisco, de Assis, Santo, 1182–1226 – Literatura infantojuvenil. 2. Xavier, Francisco Cândido, 1910–2002. 3. Literatura infantojuvenil brasileira. I. Lettera Studio. II. Federação Espírita Brasileira. III. Título.

                                                CDD 028.5
                                                CDU 087.5
                                                CDE 81.00.00

Existem muitos nomes iguais. Eu conheço muitas Marias, muitos Josés e muitos Franciscos. Você também deve conhecer muitos outros!

Eu vou contar a história de dois Franciscos que são os mais especiais que vieram ao planeta Terra.

Um Francisco nasceu há mais de 800 anos, num país chamado Itália, na cidade de Assis, por isso seu nome é Francisco de Assis. O outro Francisco nasceu no Brasil, na cidade de Pedro Leopoldo, seu nome completo é Francisco Cândido Xavier.

Se eu pudesse dar título às pessoas, eu chamaria Francisco de Assis de Francisco da Paz e Francisco Cândido Xavier de Francisco de Amor.

Apesar de não haver tanta diferença entre paz e amor, porque quem vive em paz procura praticar o amor, e quem pratica o amor vive em paz, não é mesmo?

Francisco de Assis nasceu em uma das famílias mais ricas de sua cidade, mas preferiu viver como pobre.

Francisco Xavier nasceu em uma família pobre e nunca quis ser rico. Era tão humilde que preferia ser chamado de Chico Xavier.

Ambos possuíam a maior riqueza: a riqueza espiritual. Ricos de paciência, alegria, carinho e bondade e tinham mais de um milhão de amigos.

Você deve estar querendo saber mais sobre esses dois Franciscos. Pois vou contar!

Francisco de Assis tinha tudo do bom e do melhor, porém não era feliz. Um dia, resolveu deixar o luxo, as festas, as companhias famosas e foi viver ao lado dos pobres, dos solitários, dos tristes e doentes.

Vestiu uma simples batina e rústicas sandálias, caminhou pelas ruas cuidando dos doentes, convidando jovens iguais a ele a fazer o mesmo.

Ele fazia como Jesus ensinou: amar ao próximo como a si mesmo.

Os pássaros, os lobos e todos os animais tinham respeito por Francisco de Assis, porque ele os tratava como irmãos menores da Criação de Deus, saudava o irmão Sol e a irmã Lua. Francisco de Assis amava a natureza.

13

Agora vou contar um pouco da vida de Francisco Cândido Xavier.

Ele nasceu em uma família humilde, entretanto teve vários irmãos. Ainda criança ficou órfão de mãe e ajudou o pai a criá-los. Começou a trabalhar ainda jovem.

Francisco Cândido Xavier tinha um dom especial. Ele era médium, isto é, transmitia as mensagens que recebia dos Espíritos desencarnados, que morreram na carne, mas que continuavam vivos no mundo espiritual.

Através de suas mãos, os amigos espirituais escreviam lições que até hoje nos ensinam a sermos bons. Escrevia cartas dos que partiram da Terra para consolar seus parentes e amigos.

Essas mensagens, cartas e histórias estão em mais de 400 livros. Muitos, não é? Peça a seus pais que mostrem a você um desses livros.

Francisco Cândido Xavier estava sempre ao lado dos que tinham fome, dos que estavam doentes, dos tristes e desanimados. Ele distribuía alimentos, remédios aos necessitados e a palavra amiga aos que sofriam. Orientava e consolava aqueles que o procuravam.

Ele fazia como Jesus ensinou: amar ao próximo como a si mesmo.

Tanto Francisco de Assis como Francisco Xavier, viviam felizes procurando ser instrumentos da Paz.

♥ Onde havia ódio, eles rapidinho levavam o amor.

♥ Onde havia alguém ofendido, magoado, ensinavam o valor do perdão.

♥ Onde havia discórdia, intriga, eles mostravam que a união é que nos faz felizes.

♥ Onde havia a dúvida, eles despertavam a confiança.

♥ Onde se faziam coisas erradas, eles esclareciam com a verdade.

♥ Onde havia desespero, angústia, tristeza, eles deixavam uma palavra de esperança.

♥ Onde havia as trevas da ignorância, eles levavam a luz da sabedoria.

Eles sentiam mais felicidade em consolar alguém do que serem consolados em suas dores.

Faziam tudo para compreender mais do que serem compreendidos pelas pessoas e sempre amar mais que serem amados.

Eles sabiam que é dando amor que recebemos mais amor, é perdoando os erros dos outros que seremos perdoados também quando errarmos.

Deus enviou esses dois Franciscos para que o mundo não esquecesse os ensinamentos de Jesus, o nosso modelo de amor e bondade.

Vamos exercitar o amor e a bondade que nos foram ensinados?

Nos corações abaixo desenhe ou escreva o nome de três pessoas que você acha que precisam de ajuda. Depois disso, que tal fazer uma prece por elas, de todo o seu coração?

Cidade de Assis – Itália

Cidade de Pedro Leopoldo – Minas Gerais

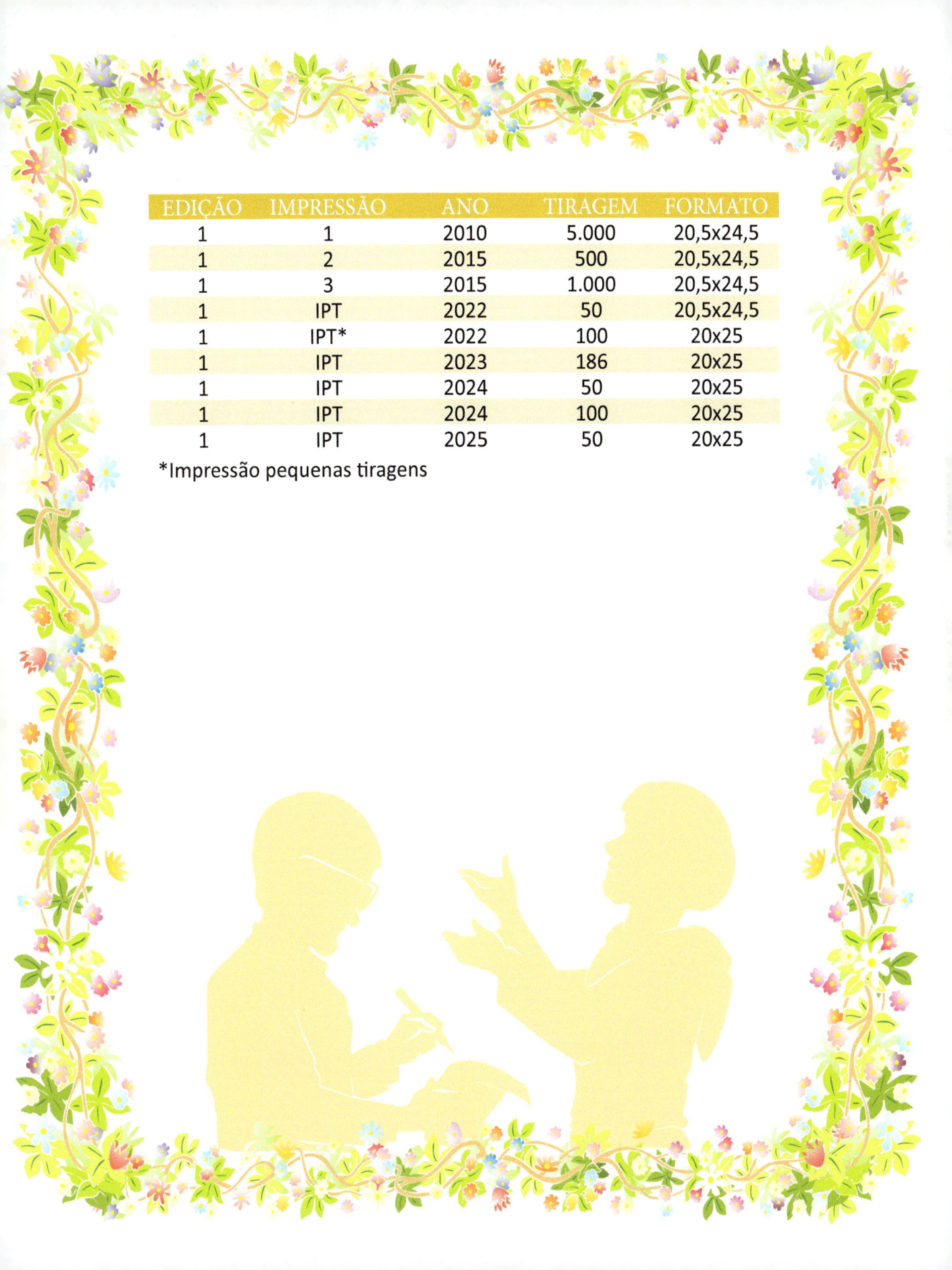

EDIÇÃO	IMPRESSÃO	ANO	TIRAGEM	FORMATO
1	1	2010	5.000	20,5x24,5
1	2	2015	500	20,5x24,5
1	3	2015	1.000	20,5x24,5
1	IPT	2022	50	20,5x24,5
1	IPT*	2022	100	20x25
1	IPT	2023	186	20x25
1	IPT	2024	50	20x25
1	IPT	2024	100	20x25
1	IPT	2025	50	20x25

*Impressão pequenas tiragens

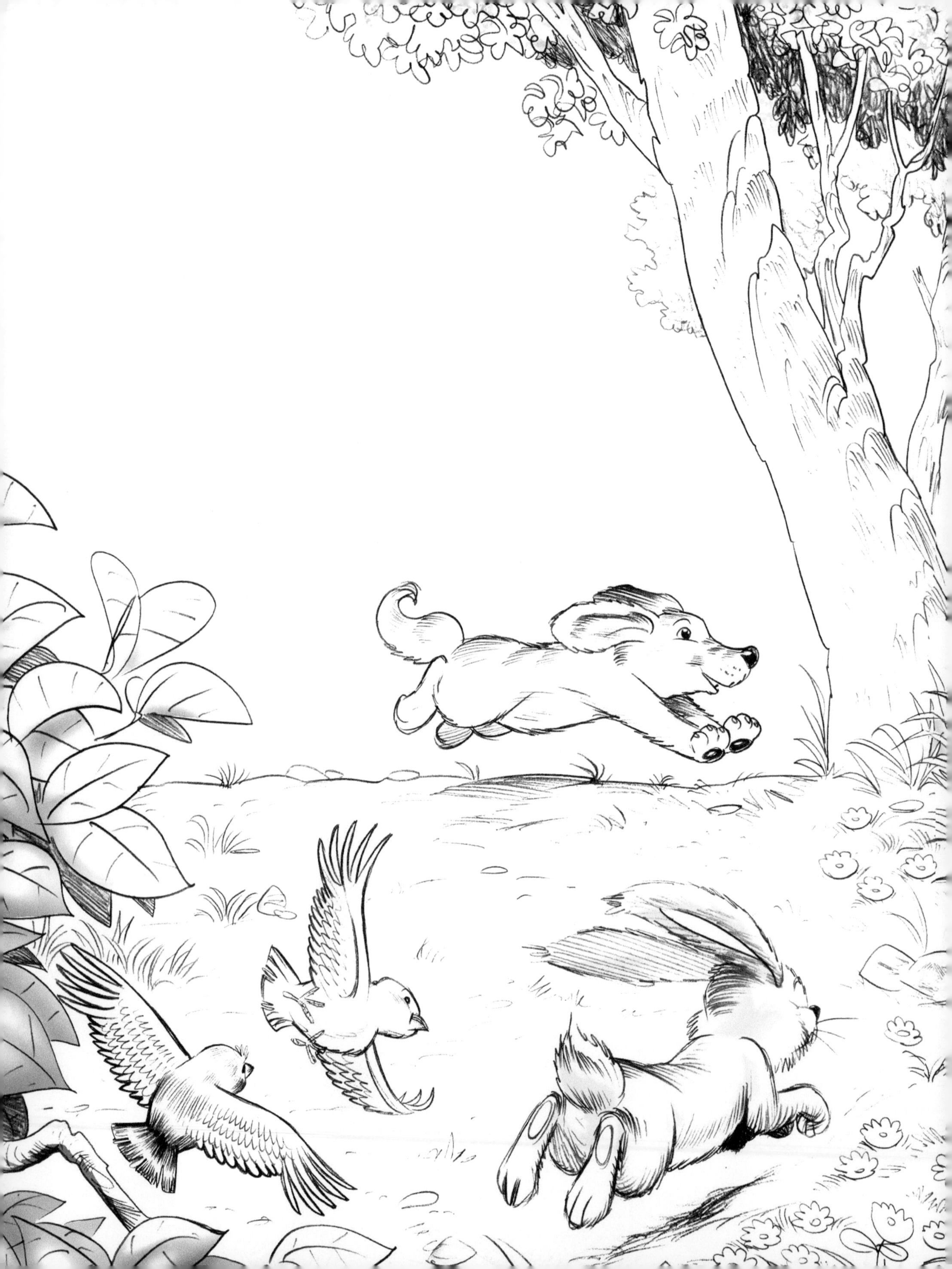

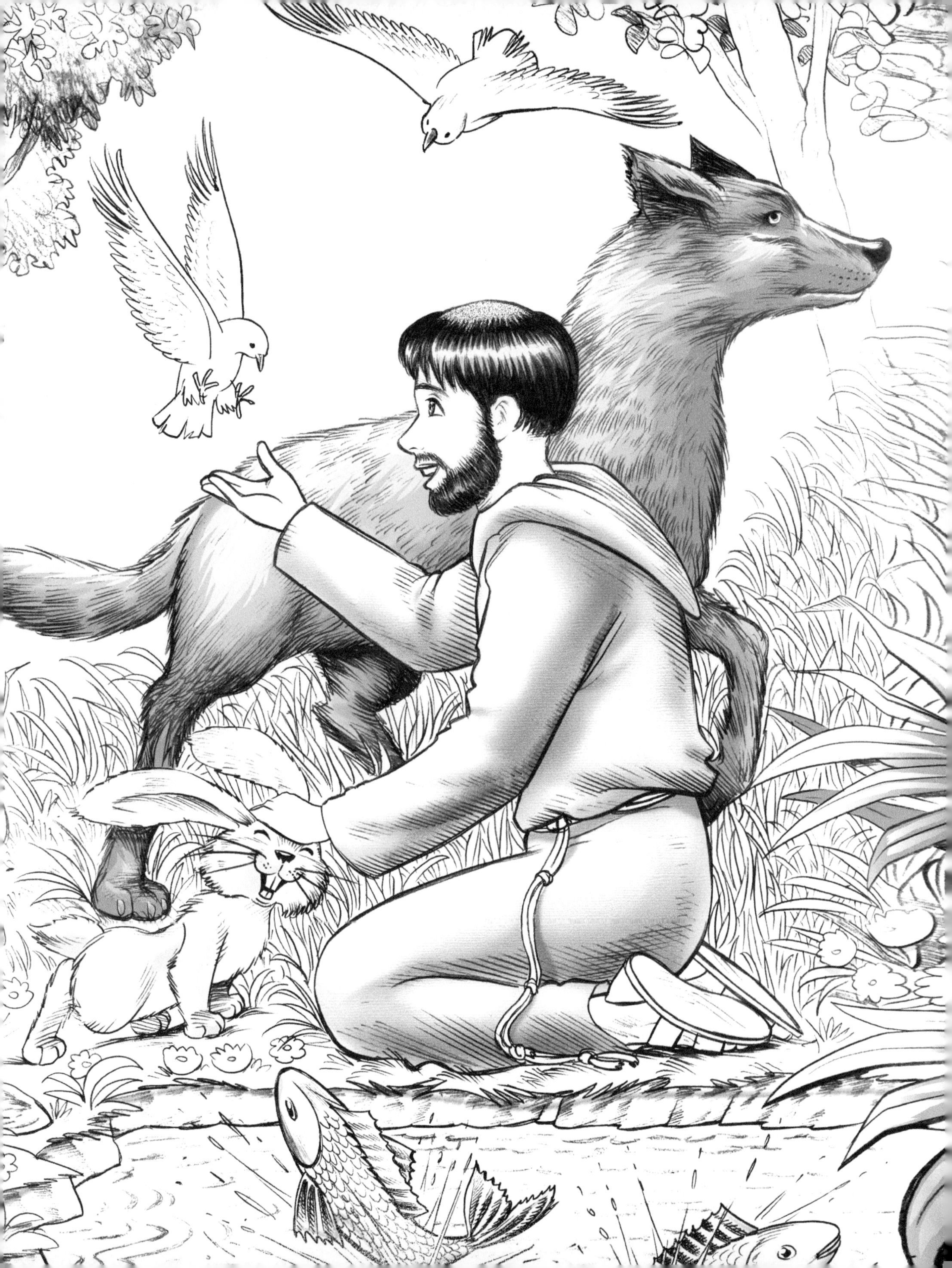

www.febeditora.com.br
@febeditoraoficial
@febeditora

Conselho Editorial:
Carlos Roberto Campetti
Cirne Ferreira de Araújo
Evandro Noleto Bezerra
Geraldo Campetti Sobrinho – Coord. Editorial
Jorge Godinho Barreto Nery – Presidente
Maria de Lourdes Pereira de Oliveira
Miriam Lúcia Herrera Masotti Dusi

Produção Editorial:
Elizabete de Jesus Moreira

Revisão:
Elizabete de Jesus Moreira

Capa, Projeto Gráfico e Ilustrações:
Lettera Studio

Normalização Técnica:
Biblioteca de Obras Raras e Documentos Patrimoniais do Livro

Esta edição foi impressa no sistema de Impressão pequenas tiragens, em formato fechado de 200x250 mm. Os papéis utilizados foram o Couche fosco 90 g/m² para o miolo e o Cartão 250 g/m² para a capa. O texto principal foi composto em fonte Futura Hv BT Heavy 16/22 e os títulos em Futura MdCn BT Medium 87/105. Impresso no Brasil. *Presita en Brazilo.*